AF263412

SUR

LA MONSTRUOSITÉ

DE L'ART. 27 DE LA CHARTE DE 1814,

SUR LA PUISSANCE DES JOURNAUX,

ET

SUR LES 221.

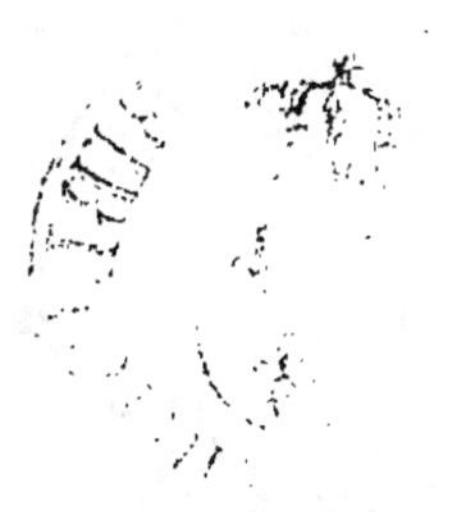

PARIS. — IMPRIMERIE ET FONDERIE DE FAIN,
RUE RACINE, N°. 4, PLACE DE L'ODÉON.

SUR

LA MONSTRUOSITÉ

DE L'ART. 27 DE LA CHARTE DE 1814,

SUR LA PUISSANCE DES JOURNAUX,

ET

SUR LES 221.

PAR

UN GARDE NATIONAL DE LA DEUXIÈME LÉGION.

AU PROFIT

DES VEUVES ET ORPHELINS DES CITOYENS

QUI ONT PÉRI POUR RECONQUÉRIR LE RÉGIME DE LA LOI.

50 CENTIMES.

A PARIS,

CHEZ LES MARCHANDS DE NOUVEAUTÉS.

7 AOUT 1830.

SUR

LA MONSTRUOSITÉ

DE L'ART. 27 DE LA CHARTE DE 1814,

SUR LA PUISSANCE DES JOURNAUX,

ET

SUR LES 221.

L'ARTICLE 14 ne pouvait favoriser le despotisme qu'à l'aide d'une interprétation jésuitique.

Mais il est un autre article [1] monstrueux par la latitude qu'il donnait aux Ministres, de créer à leur profit dans les deux Chambres une majorité durant soixante jours [2], à l'aide de laquelle ils

---

[1] (Art. 27 de la Charte.) « La nomination des pairs » de France appartient au roi. Leur nombre est illimité. »

[2] (Art. 10 de la loi du 29 juin sur les élections des députés.) « En cas de vacance par option, décès, démission » *ou autrement*, les colléges électoraux seront convoqués » dans le délai de *deux mois.* »

Dans ces deux mots *ou autrement* l'élévation de dépu-

auraient eu tout le temps de faire changer les deux lois d'élection et de la presse, comme ils l'auraient jugé convenable à la prolongation de leur existence politique.

Les Villèle, Peyronnet et Corbière ont profité de cet article pour le cas où ils seraient mis en accusation devant la Chambre des Pairs par la Chambre des Députés. Ce triumvirat fit une fournée de soixante-seize Pairs qui, avec les Princes de l'Eglise et consorts dont il était déjà sûr, lui faisait un nombre suffisant de voix pour se tirer d'affaire.

---

tés à la dignité de pairs se trouvant comprise, le roi pouvait en nommer un certain nombre des 221 et retarder de soixante jours la convocation des colléges électoraux, qui lui auraient assurément envoyé des députés de la même opinion : mais il n'aurait pas moins joui d'une majorité de soixante jours pour faire et défaire toutes les lois qu'il aurait voulu, en vertu de la Charte et non d'ordonnances. Ceci est à la portée d'un enfant. Mais le ciel, quand il veut perdre les hypocrites, commence par les rendre imbéciles.

Sainte religion, consolatrice des malheureux, continue de nous éclairer de ton divin flambeau ! mais qu'il ne se montre plus à nos yeux dans les mains de Princes d'Église, aussi hypocrites que cruels, pour le malheur du pays et de cette morale chrétienne, qui sera toujours l'objet de notre culte avant tout, moins par esprit d'égoïsme que par amour de la société où la Providence nous a jetés, comme elle nous en fait sortir, par sa volonté éternelle,

Si donc ces météores du pouvoir ont eu le droit d'établir une majorité pour se sauver d'une accusation, assurément le pouvoir lui-même avait bien le droit, pour maintenir sa volonté dite *immuable*, de faire une autre fournée de Pairs, en les choisissant non-seulement dans le côté le plus fort de la Chambre des Députés, pour y rétablir la balance, mais encore en dehors de cette Chambre, pour ne pas déranger l'équilibre de celle des Pairs.

Tout le monde avouera qu'il n'exista jamais un moyen de majorité plus sûr, plus légal, d'après la Charte, et plus antipathique à la manière des Walpole. Mais *Quos vult perdere Jupiter, prius dementat.*

S'il est donc avéré que l'article 27 de la Charte offrait aux ministres le moyen de prolonger leur existence politique, il sera de toute sagesse d'obvier à cet article, afin que des mauvais ministres, quand il en surviendra de plus adroits, ne puissent avoir la faculté de briser des majorités formées par l'opinion publique pour les reconstituer à leur profit.

Les plus royalistes me reprocheront-ils de n'avoir pas fait connaître ce moyen de majorité, sous le prétexte qu'on serait resté dans le système légal; qu'on aurait discuté; que le Roi se serait éclairé, et qu'il aurait échangé sa volonté immuable contre la raison, afin d'éviter l'effusion du sang français par des Français? Spectacle horrible dont la seule pensée me faisait entrer dans une fureur délirante contre les perfides conseillers que je voyais en devenir incessamment la cause par leurs criminelles ordonnances.

Les nobles royalistes qui ont profité de tout pourraient-ils me reprocher quelque chose à moi pauvre roturier qui n'ai profité de rien? Que n'ai-je pas fait pour rallier tous les esprits, tous les cœurs au gouvernement qui semblait nous ramener la liberté trop long-temps oubliée dans l'ivresse de la victoire! J'ai tout donné, du pain, du blé, des drapeaux, des ornemens d'église, des souliers, de l'argent (mes derniers mille francs au maire de Maubeuge). Je suis aussi du nombre de ceux qui n'ont jamais rien reçu ; pas le plus petit emploi, pas le plus petit secours, pas le plus petit honneur. J'ai fait plus que de tout donner, j'endurais les plaisanteries de tous mes amis, de tous mes parens, l'ironie de mon évêque, enfin de tous les favorisés des deux rois, avec une constance digne d'un saint. Je ne me suis brouillé heureusement avec aucun, à l'exception de mon évêque Forbin Janson, parce qu'il était jésuite, et que les autres savaient reconnaître que ma folie n'était que le fanatisme de la liberté. Qu'il me soit permis, après ce singulier aveu, d'en faire un autre qui en sera peut-être le correctif dans tous les esprits. Dès le premier jour de l'avénement du ministère de nos jésuites, j'ai rempli la première page de la seconde édition de mon imprimé, *la Chambre des Pairs et les Ministres* [1], de réflexions sur ce ministère, qui peuvent le disputer à tout ce qui a été dit de plus fort par les journaux libéraux jusqu'à la catastrophe que j'y ai également prévue, au reste, je crois, avec tout le monde.

Quoique la victoire des Parisiens, sans autre arme d'abord que leur amour de la liberté, soit la plus glorieuse, ils vont peut-être reconnaître bientôt qu'elle n'était pas la plus difficile. Les 221 eux-mêmes n'ont ils pas déjà avoué qu'il y avait plusieurs manières d'envisager le principe du gouvernement? Les journaux de l'opinion libérale pourront-ils s'entendre pour la rendre, sur cet objet principal, aussi unanime que sur l'indignation qu'ils ont excitée contre les derniers agens du pouvoir? Il est une vérité incontestable : ce sont les journaux de l'opposition qui, parfaitement d'accord entre eux, s'emparant de nos esprits, ont fait agir nos bras pour nous donner la victoire. Mais si aujourd'hui ils viennent à se diviser, nous nous diviserons de même; et il serait à craindre que le fruit de notre victoire ne devînt la proie des ennemis de la France. Soyons patriotes jusqu'au bout, s'il est possible. Je ne vois qu'un seul moyen

---

[1] Cet imprimé se trouve chez tous les marchands libraires du Palais-Royal.

de maintenir notre union par celle des publicistes qui ont fait cette dernière révolution; ce moyen doublerait même leur fortune : plus libéral que celui des Anglais, lors de leur révolution de 1688, il peut même défier la licence. Je propose de le démontrer à M. le Commissaire provisoire de l'instruction publique. Je n'ai cessé depuis 15 ans de faire la même proposition, parce que, d'après l'opinion de personnes très-sensées, il n'y a pas de ministres, de gouvernement et de dynastie possibles en France, sans l'usage de ce moyen. Les événemens ont justifié cette assertion, et ne la justifieraient que trop. Quel crédit, quelle prospérité pouvoir espérer pour un pays où il n'y aurait pas de stabilité!

Dès que ce moyen de stabilité sera adopté, je ferai une autre proposition pour démontrer aux ministres de la guerre, de l'intérieur et des finances, comment, sans plus de dépenses que sous l'administration des comtes Dejean, Maret et Lacuée (*ces hommes de mœurs antiques,* comme disait le général Foy), il serait possible de délivrer désormais aux citoyens destinés par le sort au service militaire d'excellent pain mi-blanc, par un moyen qui, en faisant élever notre agriculture à son plus haut point de prospérité, doublerait en peu de temps les revenus indirects de l'état, assurerait la subsistance d'un grand peuple dans les années calamiteuses, en nous préservant de l'exportation de notre numéraire, donnerait de la fixité au prix de la journée de travail; enfin ce moyen[1] voudrait que notre inévitable morcellement des terres à l'infini, ce fléau des empires, fût à la prospérité de la France ce que les propriétés indivisibles sont à la prospérité de l'Angleterre, dont le gouvernement représentatif a été fondé sous l'influence immédiate des grandes familles du royaume. Mais sans le crédit, fils de la stabilité, il ne faudra songer à rien démontrer. Tout dépend donc du véritable patriotisme des publicistes qui viennent de faire cette dernière révolution. C'est ainsi qu'ils se sont rachetés du préjudice qu'ils ont causé à la France, lorsque, s'élevant tous contre la conception patriotique du député Laffitte pour la suppression perpétuelle de vingt-huit millions d'impôt, par la réduction du taux de l'intérêt de l'argent. Ils l'ont fait rejeter à force de critique. Et pourtant aujourd'hui plus de doutes à cet égard, la mise en loi de cette grande conception aurait fait refluer vers l'agriculture les nombreux capitaux dont elle avait besoin pour raviver toutes les autres industries; elle aurait permis de briser entre les

---

[1] Voir le Constitutionnel du 8 mars, où il est dit que ce moyen vient d'être mis en partie à exécution en Pologne par l'empereur de Russie. Honneur! mille fois honneur à ce prince et à ses conseillers!

mains du fisc les entraves qu'il apporte à la consommation sur les vins ; et il n'est plus un écolier
qui ne sache que sans la consommation il n'y a ni
impôt ni revenus possibles.

Que de lances j'ai rompues dans le temps sur
cette grave question avec tous mes amis qui ne la
décidaient que par leur journal. Enfin les discours
du plus gros capitaliste de France et de l'abbé
Quélen, qui craignaient de voir diminuer d'un
cinquième, l'un ses rentes et l'autre les aumônes,
l'intérêt particulier de ces deux Pairs de France
et leur savoir-faire l'ont emporté sur l'intérêt général : le projet de loi voté par les Députés a été
rejeté par les Pairs. Si je reviens sur cette suppression de 28 millions d'impôt par la réduction du
taux de l'intérêt de l'argent, c'est que, d'impossible
qu'elle était sous l'imminence des coups d'état, elle
ne dépend plus absolument aujourd'hui que de
l'union des publicistes qui fera celle de la nation,
par conséquent sa force et son crédit pour toutes
les mesures financières que nos nouveaux hommes
d'Etat jugeront utiles à sa prospérité.

Avant de terminer cette note, je dois faire une
déclaration. Aussitôt après la chute du gouvernement impérial, altéré d'une liberté que je ne croyais
désormais possible en France que sous le gouvernement des Bourbons, j'adressai à M. le baron
Louis un état quittancé de trente mille et quelques
cents francs, qui m'étaient dus pour frais d'une

haute mission de finances que j'avais remplie à l'étranger en 1810 et 1811. J'exprimais que je ne faisais cette remise qu'en faveur du gouvernement *légitime* des Bourbons. Je déclare aujourd'hui que, tout en promettant l'obéissance d'un bon citoyen à la forme de gouvernement qui sera proclamée par les 221, véritables représentans du peuple, je je ne fais cette remise qu'au gouvernement du duc d'Orléans comme roi des Français, faisant, dans le cas contraire, réserve de tous mes droits. Car je crois fermement, et je le proclame avec la franchise et la liberté d'une conscience sans reproche, je crois que la monarchie constitutionnelle est la seule forme de gouvernement qui puisse jeter en France des racines fortes et profondes ; je crois que pour suffire à tous les développemens que réclament encore le repos et la prospérité de la France, les représentans de la nation doivent enter sur elle une branche pleine de séve et de vigueur.

Ces lignes n'étaient encore tracées que dans mon cœur, et déjà le bon père, le bon époux, l'économe bienfaisant, le grand citoyen éclairé par nos malheurs, était désigné lieutenant général du royaume, par les plus vives acclamations des Parisiens vainqueurs au nom de la France. Salut, noble prince, salut le plus digne fils du bon Henri ! Les fruits des plus mûres réflexions, que la censure divine s'est, en quelque sorte, chargée d'approuver dans une leçon récente et terrible, sont le premier tribut de dévouement et de patriotisme que je doive aujourd'hui vous offrir. Les commissaires provisoires du gouvernement veulent le bonheur de la France ; ils ne chercheront pas à tromper votre sagesse, ni à comprimer les inspirations salutaires. C'est donc avec empressement et avec confiance que j'appelle leur attention sur le moyen de continuer l'accord parfait des publicistes, hors lequel, comme sans la monarchie constitutionnelle, il ne peut y avoir en France, ni crédit, ni prospérité, ni salut.

FIN.

Plus d'incertitude sur la forme du gouvernement. Un autre Louis XII vient d'être proclamé par les 221 représentans de la nation. Ils ont senti aussi la gravité de l'article 27 de la Charte. Ces réflexions étaient déjà livrées à l'impression. Je ne puis qu'y ajouter les expressions de ma reconnaissance qui sera éternelle, avec celle de tous les bons Français, envers les 221.

Vivent les Parisiens qui ont vaincu au nom de tous les Français! Vivent les 221, qui ont pris comme eux l'initiative pour le bonheur du pays[1] ! Vive notre Philippe Ier. !

---

[1] Je ne dis pas vive la haute chambre ! parce que malgré les vœux exprimés dans mon opuscule de 1829, *la Chambre des Pairs et les Ministres*, pour qu'elle restât en permanence dans les salons des ministres, afin de sauver la France et la monarchie constitutionnelle, son indifférence, son inertie, a failli nous occasioner la guerre civile. Je ne cesserai donc de répéter avec tous les Français amis de l'ordre et de la stabilité : vivent les 221 ! parce qu'ils ont sauvé la monarchie constitutionnelle avec la branche cadette des Bourbons. Que si les pairs, en ces graves circonstances, désirent conserver l'hérédité, ils s'empressent, par des propositions à la hauteur de nos besoins, de contribuer à la paix intérieure; que, désormais ne s'occupant que de choses utiles, il n'y ait plus de place dans leurs discours pour des phrases qui, depuis 1814, n'ont servi qu'à former deux peuples en France, où ils étaient, après le roi, les premiers et où ils le seront encore, s'ils sont bien inspirés.